셋

셋동인 시집 제6집

한강

발간사

사모님의 투병 시절 간병하느라 지친 정순영 선생을 위로차 분당 야탑역 옆 건물 지하에서 자주 만나던 조덕혜 선생과 셋이서 공통점을 찾아보니 하나님을 믿는 예수님의 제자들이었다.

의기투합해서 동인 결성을 하고 "두세 사람이 내 이름으로 모인 곳에는 나도 그들 중에 있느니라"(마 18:20)는 말씀에서 이름을 '셋'이라 정하고 뜻을 같이하는 문인들과 출발한 지 벌써 만 6년이 지나고 셋 6집을 내게 되어 가슴이 벅차오른다.

불행히도 이번 호에는 유경희 선생이 개인 사정으로 함께 하지 못하는 아픔이 있다. 내년부터 작품 활동을 더 열심히 하겠다는 다짐으로 희망이 있다.

특히 올해는 '셋' 동인 회칙을 새로 마련하여 모임의 영

속성에 더욱 박차를 가하게 된 점에 큰 의의가 있다.
 만 6세가 지나면 초등학교 진학을 한다. 내년이면 초등학생의 나이인데 셋 동인회도 더욱 정진하는 한 해가 되었으면 좋겠다.
 문학은 인간의 고통과 악, 슬픔, 갈등, 욕망을 이야기하며 인간의 본질에 대하여 질문하는 행위다. 즉 구원의 길을 갈망하는 인간들에게 구원의 빛이 어디서 오는지 알려 주는 역할과 망망한 인생 항로의 암초가 어디 있는지 알려 주는 등대와 같다.
 셋 동인들은 구원의 빛이 예수님으로부터 오고 있다는 것을 문학 작품을 통해 인간들에게 선포하는 선지자들임을 자임하는 문학인들이다.
 사명을 충실히 지키는 문인들로 거듭나기를 기원한다.

    2024년 낙엽이 스산하게 날리는 초겨울의 문턱에서
            셋 동인회장 정태호

셋동인 시집 제6집 | 셋

□ 발간사

정순영   옷걸이_13
         운전자_14
         지하철을 타자_15
         교회 가는 길_16
         성탄_17
         성찬_18
         사부곡_19

정태호   어떤 몸값_23
         의료 분쟁_24
         이름 짓기·1_25
         자괴_27
         모르겠습니다_28
         달리다굼_30
         로마에서·1_31

주광일 가을 길 걸으며_35
낮달의 시_36
저무는 강가에서_37
거룩한 꽃_38
새벽 숲길에서_39
마지막 잎새처럼_40
늦가을_41

이상정 녹동항에서_45
관계, 그 계속적 용법·2_46
흑요석과 회전초_47
굿모닝 미스터 오웰_49
어마, 무시한 저주_50
사프란_53
크나큰 축복_54

조덕혜 이슬비_59
몸과 마음_60
봉숭아꽃 사랑_61
안부 전화_62
지팡이_63
12월의 카네이션_64
들리네·3_65

도경회 목련_69
보면 보이는 그림_71
진주 사직단_72
조팝이_74
돌_76
뿌리_78
치자 꽃_79

이영하	내 시가 다시 태어나는 날_83
	별이 되어 살으리·2_85
	하늘의 마술사, 구름_86
	인생은 커피 한 잔·2_87
	거울_89
	고추잠자리의 곡예비행_90
	시냇물이 만드는 노래_91

조국형	홍점_95
	남쪽 나라_96
	그리운 사람_98
	작두_100
	상갓집을 나서며_102
	수고 31회 송년회_104
	니엘 선생님_106

민병일　국화 향기_109
　　　　　층계 앞에 서서_110
　　　　　유월의 창_111
　　　　　여명_112
　　　　　상사화_113
　　　　　내 그대를 찾으리_114
　　　　　에벤에셀의 기도_115

□ 셋동인 주소록

1974년 《풀과 별》(이동주, 정완영) 추천 완료. 시집 『시는 꽃인가』, 『침묵보다 더 낮은 소리』, 『조선 징소리』, 『사랑』 외 7권. 부산문학상, 봉생문화상, 한국시학상, 현대문학 100주년 기념문학상, 세종문화예술 대상, 한국문예 대상 외 다수 수상. 4인시 동인. 부산시인협회 회장, 한국자유문인협회 회장, 국제PEN 한국본부 부이사장, 동명대학교 총장, 세종대학교 석좌교수 역임

옷걸이
운전자
지하철을 타자
교회 가는 길
성탄聖誕
성찬聖餐
사부곡思父曲

정순영

옷걸이

수많은 옷걸이들이
행복을 찾아 어디론가 두리번거리며 걸어가고 있네

여기저기 교회당 십자가 네온 불빛이
이리 오라 눈멀고 귀먹은 옷걸이여
들리지 않아요
보이지 않아요

어느 날
버려져서 낮아지니
하늘의 핏빛 목소리가 들리고
마을 길 저기 눈부신 골고다 언덕에서
벌거벗은 십자가 옷걸이가 은혜의 세마포에 휘감기어
날아오르네

운전자

어느 날
내 안에 운전자로 오시어
내가
하나님의 말씀을 하는 것 같이 하고
하나님의 공급하시는 힘으로 하는 것 같이 행하네

지하철을 타자

사람들이 붐비는 지하철엔
파렴치와 몰상식이 눈치를 보는 교통약자석이 있다
비어 있는 분홍색 의자에서 뭉게뭉게 피어오르는
사람다운 사람들의 마음은 산을 옮기고
하늘빛 윤슬이 반짝거리는 강을 흐르게 한다
사람들이 붐비는 지하철엔
훈훈한 단맛의 사람 냄새가 난다
사람다운 사람이 그리워 목이 마를 때는 지하철을 타자

교회 가는 길

하늘빛 해맑아 눈부신 날은
감사하는 마음을 감사하러 가자

꽃이 지는데
꽃이 지는데

꽃지는 사람을 살리러 가자
손에 손을 꼭 잡고

죽은 날 살리신 이에게
감사하는 마음을 감사하러 가자

봄날처럼
기뻐하며

선혈鮮血이 눈부신 나무 십자가의 손을 꼬옥 잡고
감사하는 마음을 감사하러 가자

성탄聖誕

보이지 않는 말씀이
깨끗한 사람으로 오시어

반기고
믿는 사람을

생명의 빛으로
죽음에서 살리시네

눈과 귀가 열리는 참 빛을
어두운 사람에게 비춰시네

성찬聖餐

아담을 버리고
하늘아비에게 믿음으로 순종하나니

예수가 떡을 나누어 주며
내 살이요
포도주를 건네며
내 피요
나는 다소곳이
눈을 감고 예수를 우러러
음복飮福을 하네

아담은 죽고
나는 살아서
하늘아비의 손을 꼭 잡고 천국으로 가리니

사부곡思父曲

서정抒情으로
내 몸에 흐르는
섬진강

앎보다는
깨달음이 먼저인
정자나무

붉은 노을로
인생의 잔등을 다독이시고

지리산 정기精氣 어린
여명을 비춰시며

내 안에 유유히 흐르는
아버지

1987년 《시와 의식》 등단. 백석대 기독교문학 박사. 시집 『풀은 누워야 산다』, 『창세기』, 『인생이 시가 되려면』 외 3권. 수필집 『무지의 소치로소이다』. 한국문학비평가협회 작가상, 주간 한국문학신문 대상, 경기PEN문학 대상 외 다수 수상. 국제PEN 한국본부 경기지역위원회 회장. 서울시인협회 부회장. 한국현대시인협회 이사. 한국경기시인협회 이사. 계간 《한국시원》 운영이사. 한국문인협회 회원. 셋 동인회장

어떤 몸값
의료 분쟁
이름 짓기 · 1
자괴
모르겠습니다
달리다굼
로마에서 · 1

정태호

어떤 몸값

첫 사람 아담이
허황된 욕망에 매몰되어
무화과나무 잎사귀는 맥없이
그분 한마디로 말랐다.
가인은 제사 방법을 몰라서
진노를 부르고 동생을 죽여서
고향을 떠날 수밖에 없었다.
자식은 아버지 영향에서 벗어날 수 없는 법
죄악은 마른 잎사귀 상수리나무요
물 없는 동산이라
적의를 가지면 삶이 치열해진단다
2차 세계대전이 끝난 지도 오래인데
오늘 같은 또 다른 정치적 혼란기에
우리의 몸값을 얼마로 매겨야
아브라함은 갈대아 우르를 떠나지 않았을까?

※너희가 기뻐하던 상수리나무로 말미암아 너희가 부끄러움을 당할
것이요 너희가 택한 동산으로 말미암아 수치를 당할 것이며(사 1:29)

의료 분쟁

배때지가 불러서다
울 엄니 자식들 야단칠 때 하시던 말씀
작금의 의대 정원 문제로
전공의들이 사직을 하네 마네
정부는 면허 취소를 하네 마네
히포크라테스가 들으면
울 엄니보다 더 심한 욕설을 하겠지
언제부터 의술은 인술이 아니고
돈벌이 수단이요
의료 서비스 받는 고객 갑질이 되었나
정녕 나라가 망해서
모두들 피죽도 못 먹던 시절로
되돌아가고 싶은 것은 아니겠지
제발 적당히들 멈추자

이름 짓기·1

대학 시절 명리학에 매료되어
성명 철학을 공부한 적이 있다.
세상 사람들 이름에서 운명을 점친다는데
완벽한 이름이라고는 없었다.
완벽한 이름이 있다면
성명 철학으로 밥 먹고 사는 사람들
밥줄이 끊긴다는 사실을 알아챈 데는
오랜 시간이 걸리지 않았다.
아들을 낳는다면 그 애들 이름에
시비 거는 사람 없기를 바라는 마음에
(떨치고) 일어나라 빛을 발하라
그리고 그 믿음 굳세라고
떨치리 빛내리 굳세리로 이름 짓고
마지막으로 다 이루면 이루리로 하기로
낳을 때마다 이름을 붙였다.
모두 아들만 낳기를 바라고 지은 이름인데
둘째는 딸아이 이름을 지어서 딸이라고
처형으로부터 놀림도 받았다.
넷을 나으려다

아들딸 구별 말고 둘만 낳아 잘 기르자는
구호 덕에 83년부터 셋째는 의료 보험 가입이
안 되는 정책으로 막내가 82년 12월 30일생.
이루리는 이루지 못했다.

자괴

굶는 것이 일상이던
보릿고개 어린 시절
행상으로 연명하던 울 엄니
제비 새끼 같이 어린 자식 셋
짹짹거리는 입안에
제대로 밥 한 끼 못 먹여 준 것이
가슴에 멍이 되어 평생의 한이 되어
돌아가실 때까지 되뇌셨지

종심從心 무치無恥의 나이가 지났음에도
입에 담지 못할 말하는 폭행을 일삼고
대학 교수네 역사학자네 선전하는
인간 같지 않은 짐승
국민을 대표하는 대의기관 입성하는 것
저지하지 못하는 자괴
가슴에 멍이 되어 평생의 한이 되어
죽을 때까지 되뇌려나

모르겠습니다

회개해야 천국을 주겠다고 그분이 외칠 때
믿으며, 믿으려고 모여든 군중은
못 먹고, 병들고, 눈멀고, 다리 절며, 문둥병에
앉은뱅이로 살아온 세상의 패잔병들뿐
하나님 말씀으로 떵떵거리며 잘살고 있던
배부른 제사장들과 바리새인들
그리고 그들을 추종하던 무지한 무리들이
로마 병정들을 꼬드겨 마침내
그분을 십자가에 매달았지요.
이천년이 지나서도
이 땅에서는 다시 천국을 외쳐야 하는데
그분의 말씀으로 세상 지위를 누리는 목회자들과
교회 중직자들 그리고 충실한 바리새인이 된 성도들
그분의 말씀으로 그분을 십자가에 묶고
말씀의 광채에 눈멀어 세상을 보지 않습니다.
담장 밖에는 아직도
못 먹고, 병들고, 눈멀고, 다리 절며, 문둥병 대신
정신병에 앉은뱅이로 살아가는 세상의 패잔병들이
머뭇거리고 있는데

세상 거리엔 찬송을 끄고 담장 안에서만 외쳐 부르고
종소리가 시끄럽다면 종을 내리고
종탑 네온사인만 호화롭게 고급 디자인으로 덧칠하고
정작 천국을 바라는 패잔병들에게는
손 내밀지 못하고 귀 막고 있네요.
모르겠습니다.
그분이신 주님!
이천년 전 오늘 당신 스스로 형틀에 올라가신
그 이유를요.

달리다굼

먹구름 몰려오는 하늘 끝에서
생명은 어둠 속에 묻힌 죽음의 그늘로
소녀가 떨고 있다
가쁜 숨소리와 희미한 심장의 고동만이
어스름 달빛에 머물고
절망의 땅끝에 선 슬픔으로
희망을 찾아 헤매는 회당장의 창백한 눈빛
잠든 딸의 눈에 어렴풋이 내리는 빛의 숨결로도
부활의 기적은
그분의 한마디 말로
새싹처럼 생명에 불을 지핀다.
달리다, 어린 소녀야!
굼, 일어나라!
달리다굼, 소녀야 일어나라!
일어나 새롭게 시작되는
은혜의 순간을 맞자꾸나.

로마에서 · 1

이국땅에서
곤줄박이 한 마리
낡은 성벽 위를 날고 있다
하고 많은 새 중에서
하필 토종새 곤줄박이가 이국땅에서
보잘것없을 것 같은데
장엄과 웅장한 영화榮華는 역사를 이루고
형제로부터 시작된 제국은
시초부터 살인을 부르는 욕망에 휩싸였지만
하늘의 뜻은 제국을 용서하였다.
역사적 포장이 웅장하고 위대할지라도
로마 병정들의 탄압에 눈물 흘린 민족은
또 얼마였던가!
비록 탐욕의 말로가 제국을 무너뜨렸지만
역사의 그루터기는
뿌리를 간직한 채 오늘에 이르고
자손은 선조들의 덕으로
무수한 실책으로도 면책을 받은 듯
지구상에서 떵떵거리고 살고 있는데

정작 그들은 자신들의 잘남인 양
뻐기고 있는 미련함에
오늘도 낡은 성벽 위에서
이국의 곤줄박이는 울고 있다.

1992년 시집 『저녁 노을 속의 종소리』로 시작 활동. 시집 『유형지로부터의 편지』, 『당신과 세월』. 가장 문학적인 검사상(한국문협), 순수문학상 대상 수상. 변호사(한국·미국 워싱턴 D.C.). 서울대 법학박사. 미국 노스웨스턴대 법학석사. 일본 게이오대 방문연구원. 전 국민고충처리위원장. 전 서울고등검찰청 검사장. 전 사법연수원 교수. 전 세종대 석좌교수. 국제PEN 한국본부, 한국문인협회 회원. 서울법대문우회 회장. 월간 《국보문학》 상임고문

가을 길 걸으며
낮달의 시
저무는 강가에서
거룩한 꽃
새벽 숲길에서
마지막 잎새처럼
늦가을

주광일

가을 길 걸으며

어쩐지 섬뜩한 일이 터질 것 같은 가을 길을 나는 걷고 있다. 소망이 간절하면 간절할수록, 그 소망은 점점 더 이루어지기 어렵게 여겨지는 가을날, 온종일 혼자 걸으며 쉴새없이 기도해도, 끊임없이 귓전에 맴도는 시끄러운 세상 소리.

이제 이 세상은 끝내 간절한 기도조차 부질없게 된 절망의 깊은 수렁에 빠지고 만 것인가?

어차피 속수무책인 나는 두 손을 모으고 이 길을 계속 걸을 수밖에 없구나.

낮달의 시

아무도 나를 눈여겨보지 않아도
나는 낮 하늘을 홀로 지키며
어두움을 기다리고 있겠습니다

내 목숨 다하여 내 모습을
영영 감추어야만 할 때도
나는 밤하늘의 작은 별 하나로
남아 있겠습니다

아무도 나의 부재를 아쉬워하지 않아도
나는 나의 사라짐을
슬퍼하지 않겠습니다

저무는 강가에서

산 넘고 바다 건너서
멀리서 가까이에서
들려오는 것은
꽃이 진다는 소식뿐이다
활활 타오르던 단풍들도
모두 떨어져 버렸다는
소식뿐이다
냉엄한 현실이다
머지않아 흰 눈 펑펑 내려
산천을 차갑게 덮을 것이다
쌓였던 눈덩이도
금방 녹을 것이고
강물은 변함없이
흐를 것이다
태곳적 샘터로부터
영원의 바다로

거룩한 꽃

겨울을 불러오는
찬바람에 시달리면서도
타고난 기품을 잃지 않고
예쁘게 흔들리는
늦은 가을꽃 한 송이
어둠을 밝히는
불꽃 같구나

아득하기만 했던
절정에 이르러서도
향기롭게 푸른 하늘에
예쁘게 안기는
늦은 가을꽃 한 송이
밤바다를 밝혀 주는
등댓불 같구나

새벽 숲길에서

　가을이 떠나고 있는 숲길을 홀로 걷는다. 새벽안개 가득한 어스름 속을 거침없이 걷는다.
　다가오는 겨울도, 그 겨울의 살벌한 추위도 달갑게 받아들일 마음의 준비를 단단히 하고, 제법 늙어 버린 나의 의지와 남은 날들을 주님께 맡겨 버리기로 결심하고 걷는 숲길이 주님의 침묵처럼 평온하다.
　평온함을 청하는 기도를 마치기도 전에 내 영혼도 고요해진다.
　걸을수록 밝아 오는 숲길에서 문득 멈추어 서고 싶어진다.
　내 안 깊숙한 곳에 계시는 주님께서 무언가 나에게 분부하실 것 같기 때문이다.

마지막 잎새처럼

해 질 무렵
숲속을 찾아갈 때
나는 조금도
외롭지 않았네

숲길을 걸으며
나는 비로소
혼자일 수가 있었네

어느새 여든두 해
혼자 있어도 외로움을
느끼지 않는 나이

그래서인가 나는
마지막 잎새처럼
혼자 남게 되어도
사무치게 외롭거나
겁날 것 같지 않다네

늦가을

살맛나는 세상을 꿈꾸며
한 잎 두 잎 낙엽이 진다
어쩌다 찬바람 불면
우수수 쏟아진다

머지않아
희끗희끗한 눈 내리면
시끌벅적한 세상이
차분히 가라앉으리라

1995년 《시와 시인》 등단. 시집 『감칠맛 나는 시』, 『붉은 사막』, 『인생계략』 외 다수. 경기시인상, 경기문학인 대상, 수원예술 대상, 경기PEN 공로상 외 다수 수상. 국제PEN 한국본부 이사. 국제PEN 한국본부 경기지역위원회 사무처장. 한국문인협회 문학선양위원. 표암문학회 회장, 수원문인협회 부회장 역임

녹동항에서
관계, 그 계속적 용법·2
흑요석과 회전초
굿모닝 미스터 오웰
어마, 무시한 저주
사프란
크나큰 축복

이상정

녹동항에서

이틀 밤 녹동항에서
녹이 쓴 연장을 닦는다

땅거미 내린 소록대교엔
슬픈 사슴 두 마리

맑은 눈에
구름도 쉬어 간다

억센 물결이 아침을 여는 수탄장
부모와 자녀가 눈으로만 만난다

탄식의 소리가 드높은 길을 걸으며
무카이 집에서
소록도 갱생원 만령당에서
고향을 등진 자들의 사연을 읽는다

바다가 내려다보이는 신성리
제비선창가에 노을이 진다

関係, 그 계속적 용법 · 2

관계는 계속적 이루워져야 한다
살맛나는 세상을 위해
너와 나의 관계함이 없다면
어찌 너를 알겠는가
어찌 나를 알겠는가
냉랭한 세상 한치 앞을 모르는
서로가 알아 간다는 것 좋은 것
내가 너를 모르고
너도 나를 모르는
덤덤한 세상 무슨 재미
산다는 것 서로를 알아 가는 것
관계, 그 계속적 용법은 적용되어야 한다
부사적으로, 제한적으로 적용되어야 한다
너를 해석하기 위한 계속적 용법

흑요석과 회전초

애리조나를 횡단하며
아파치의 눈물, 검은 유리
아파치 전사의 시신을
수습하는 여인의 눈물이
땅에 떨어져 만들었다는 전설을 듣는다
바람이 불면 스스로 뿌리를 끊어내고
바람에 굴러다니며 씨를 흩날리는
자기 몸을 바람결에 떨어뜨리는 회전초
서로 엉키고 부딪히며 매 순간 넘어지는 삶
다양한 공간 속에 희생된 이들의 목소리가
시와 노래로 들린다
물에 대한 산책이 시적인 풍경을 제공한다
아방가르드 음악은 사물의 재료를 노래한다
끌고 끌려가고 업고 업히는 몸의 보살핌
소나무 숲과 모래언덕에서 뒹굴며
쇠퇴와 죽음을 이야기한다
박테리아와 공생이 몽환적이다
흙 속의 생명
호흡하고 순환하는

환경 호르몬 사이의 나
집단 무의식적인 힘 사이의 나
눈에 보이지 않는 지배적인 규범들
기계의 이분법적인 관념이
미래의 잠재성을 제안한다
변이하는 몸, 앞으로 다가올
모든 것을 환영한다
인공 지능의 어리석음이
나의 행동을 제한한다
다성의 목소리가 만들어 내
피폐된 생태계에 우리는 살고 있다

굿모닝 미스터 오웰

냉전이 종식된 지금 세계와 손잡고
쌍방향 소통은 형식과 내용을
변화시켜 현재 진행형으로 계속된다
깨달음의 부처, 시공간을 초월한다
피아노 협주곡 18번 B플랫 장조가 흐르는
가운데 기계화된 인간이 걸어간다
만남과 공존의 가치 속에
죽은 이들의 안식을 바라는
과달카날 섬에 흐르는 레퀴엠
서로 다름을 존중하는 즐거운 세계
적어도 기술을 증오할 만큼 고도의 기술을 원한다
적어도 번영을 경시할 만큼 충분한 번영을 원한다
적어도 평화에 진력이 날 만큼 충분한 평화를 원한다
세계는 여전히 전쟁 중이다
밤하늘의 별처럼 뒤덮은 인공위성들
억압하는 전체주의적 감시망
전 지구를 연결하는 우리들의 일상
세계는 여전히 전쟁 중이다

어마, 무시한 저주

똥물 같은 인간 말종과 군림하려는 속물들은
성읍에서도, 들에서도 저주를 받을 것이오.
또 네 광주리와 떡 반죽 그릇이 저주를 받으리라
네 몸의 소생과 네 토지의 소산과 소와 양의 새끼가,
네가 들어가도, 나가도 저주를 받으리라
네가 악을 행하여 네 손으로 하는 모든 일에
저주와 혼란과 책망을 내리사 망하며
속히 파멸하게 하실 것이며,
네 몸에 염병이 들게 하사
네가 차지한 땅에서 마침내 멸할 것이며
폐병과 열병과 염증과 학질과 한재와 풍재와
썩는 재앙으로 너를 진멸하실 것이라
비 대신에 티끌과 모래가 네 땅에 내려
마침내 너를 멸하리라,
네 시체가 공중의 새와 땅의 짐승들의 밥이 될 것이며,
 종기와 치질과 괴혈병과 피부병으로 너를 미치게 할 것이며,
 눈 머는 것과 정신병으로 고통을 받을 것이며,
 맹인이 더듬는 것과 같이 네가 백주에도 더듬고,

네 길이 형통치 못하여 항상 압제와 노략을 당할 뿐이라,
네가 여자와 약혼을 하였으나 다른 사람이 그 여자와 같이 동침할 것이오,
집을 건축하였으나 거기에 거주하지 못할 것이오,
포도나무를 심었으나 네가 그 열매를 따지 못할 것이며,
네 소를 네 목전에서 잡았으나 네가 먹지 못할 것이며,
네 나귀를 네 목전에서 빼앗겨도 도로 찾지 못할 것이며,
네 양을 원수에게 빼앗겨도 너를 도와줄 자가 없을 것이며,
종일 생각하고 찾음으로 눈이 피곤하여지고 네 손에 힘이 없을 것이며,
네 토지의 소산과 네 수고로 얻는 것을 네가 알지 못하는 다른 사람이 먹겠고,
너는 항상 압제와 학대를 받을 것이라,
무릎과 다리에 고치지 못할 심한 종기를 생기게 하여 발바닥에서부터 정수리까지 이르게 하시리라,
너는 비방거리가 될 것이라,
너가 씨를 뿌릴지라도 메뚜기가 먹으므로 거둘 것이 적으리라,

너는 하는 일마다 쫄딱 망하리라

아니, 이런 악담을
이런 어마 무시한 저주가 또 어디 있으랴
이런 저주가 변하여 축복이 되리라
양심 불량과 양아치와 갑질하는 인간과 악인들은 빼고

사프란

민족주의다
금욕주의다
정화를
어두움을 쫓아내는
살균과 탈취로
생리 불순에
히스테리성 우울증에
금빛 물감으로
역사 교과서를 다시 쓴다
연보라색 작은 꽃으로

크나큰 축복

너는 세계 모든 민족 위에 뛰어날 것이라
내 말에 청종하면 복이 네게 임하리니
성읍에서도, 들에서도 복을 받을 것이며
너의 자녀와 너의 토지의 소산과
너의 짐승의 새끼와 소와 양의 새끼가
복을 받을 것이며 너의 광주리와 떡 반죽
그릇이 복을 받을 것이며
네가 들어와도, 나가도 복을 받을 것이라
너를 대적하는 무리가 패하여
일곱 길로 도망갈 것이며
네 창고와 네 손으로 하는 일에 복을 받을 것이며
네 몸의 소생과 가축의 새끼와 토지의 소산을
많게 하시며, 하늘의 보고를 열어 네 땅에
때를 따라 비를 내리시고, 네 손으로 하는
모든 일에 복을 주시리니, 너는 많은 사람에게
꾸어 줄지라도 너는 꾸지 아니할 것이오
너는 어디를 가든지 머리가 될지언정
꼬리가 되지 않게 하시며, 위에만 있고
아래에 있지 않게 하시리라,

이른 비와 늦은 비를 적당히 내려
네가 심은 과실수가 시절을 쫓아 열매를 맺으며
그 잎사귀가 마르지 않음 같이 네 하는 일이 다 형통하리라, 아멘
기도합니다, 우리 모두에게 이런 축복이 임하길
허나 인간쓰레기에겐 축복이 저주가 되리

1996년 월간 《문학공간》(조병화 시인 추천) 등단. 시집 『비밀한 고독』, 『별에게 물었다』 외 공저 다수. 문학공간상 본상, 한국문학비평가협회상, 세계문화예술 대상, 경기도문학상 본상, 경기PEN문학 대상 수상. 국제PEN 한국본부 이사. 국제PEN 한국본부 경기지역위원회 부회장. 한국문화예술연대 부이사장. 한국문학비평가협회 부회장. 한국현대시인협회 이사. 서울시인협회 이사. 한국경기시인협회 이사. 수지문학회 부회장

이슬비
몸과 마음
봉숭아꽃 사랑
안부 전화
지팡이
12월의 카네이션
들리네 · 3

조덕혜

이슬비

밤새
드리워진 커튼을 젖히고
아직 몽롱한 채 창밖의 여명을 맞으니
세미하게 흔들리는 내 안구
이슬비가 허공을 딛고 오는구나

아, 어머니가 저세상으로 가시던 날
단 한마디 말씀 대신
황망하게 흩뿌려 주셨던 이슬비가 보이네

어디 새소리 하나 나지 않는
이른 아침의 방 안은 회색빛 파동만 일고
숨소리조차 없는 저 이슬비는
G 선상의 아리아를 타고
내 그리움만 눈시울 붉게 적시고 있네.

몸과 마음

몸은
이 세상
소풍 다 마치도록
무수한 마음을
잉태하는 단 하나뿐인 행성이고

마음은
이 세상
소풍 다 마치도록
단 하나뿐인 몸의 안과 밖을
드나들며 비춰 주는 무수한 항성이다.

봉숭아꽃 사랑

더 수수해서 더 어여쁜
붉고 흰 봉숭아꽃 몇 송아리
한산한 길목에 뜨막한 길손들은
예쁘단 말 한마디씩 놓고 갔겠다

왠지 스치는 길손의 마음을 끄는
또 다른 이유도 금세 알 만했다.
어릴 적
손톱에 새빨갛게 봉숭아꽃 물들여 주면
마냥 뿌듯했던 그 봉숭아꽃 사랑임을

저렇듯 거친 길 위에서도
피고 지고 남긴 고운 사랑처럼
오롯이 천심의 사랑 하나 고이 메고
사막을 걸어가도 사랑 꽃씨 뿌릴 일이다.

안부 전화

시원한 빗줄기로
새 하루가 열린 언덕의 산장
창밖의 빗소리에 흠뻑 스며들면서
어젯밤 먹구름 부서진 자리 뒤로
희푸른 바람을 헤쳐
만월의 의연한 눈빛을 투시했네

그새
바람의 꼬리에 새겨진 비밀한 문자대로
칠흑의 밤길을 찾아왔다는
바람에 흩날리는 빗줄기의 뒤태를
그만 놓치고 말았네
아직, 할 말을 전하지도 못했는데

아니 저 고목의 성근 나뭇잎은
젖은 손 초롱초롱 흔드는 잊었던 얼굴인 듯
아, 쓸쓸한 안부를 한참 독백하네
이참에 내일은 꼭
이슬비 소리로 안부 전화를 해야겠다
더러는 오랜 세월 탓에 서로에게 서로 놀라겠지.

지팡이

또 요사이도
마음 안의 푸르른 윤슬이 멎어
휑한 가슴만 덩그러니
몹쓸 희아리처럼 허옇게 스러져
입가에 스미는 햇살에조차
기척 없는 실바람에조차 공명하는
씁쓸함을 심히 앓던 날 있었네

무시로 허공에 매단 주렴에
알알이 꿰어 놓던 하늘의 말씀들
"심령이 가난한 자는 복이 있나니…"
흑암 중에 번쩍이는 구원의 빛인가
내 안에 스러진 심지를 다시 세우셨네
오라, 하늘의 약속대로
번뜩 일어설 주의 지팡이로 안위하시네.

12월의 카네이션

참 야심 차구나
지난 4월에 앞당겨 선물 받은
어버이날 빨간 카네이션 꽃 화분
5월, 6월을 지나 8월 내내
발코니에서 핏빛 붉어 울도록
어버이 노래 불러 가슴 설렜고

아, 9월을 응원했네
맥없이 늘어나는 흰머리칼에도
새빨갛게 불 밝히는 카네이션 눈망울

또 웬일인가 지금 12월 냉풍에
이 영혼 없는 줄기에 핀 꽃망울 하나
무슨 힘으로 쏘아 올렸을지
참으로 질긴 연명의 야심 찬 비밀이여
곧 빨간 입술을 활짝 열고
어버이 사랑 외치며 또 우주를 깨우겠네.

들리네 · 3
— 구원의 음성

세상에 넘쳐흐르는 물은
세상을 씻고 몸을 씻고 닦는데
왜 낯부끄러움은 그지없는지
손이 천 개라도 지울 수 없는
발이 천 개라도 닿을 수 없는
개미처럼 작은 나는 더 낮게 엎드려
하늘의 그분께 맡기고 간구해야 하리

저 높은 생명의 빛으로
빨갛게 익고 익어 흘린 순종의 피가
허다한 죄를 사하여 정결케 하는
말씀이 되어 연약한 나를 에워싸니
내 작은 귀에 천둥 같은 나팔소리 들리네
영혼 구원의 음성이
세상 구원의 음성이.

2002년 계간 《시의 나라》 등단. 시집 『노래의 빛』, 『외나무다리 저편』, 『말을 걸었다』, 『데카브리스트의 편지』 외 다수. 진주보건대학교 초빙교수

목련
보면 보이는 그림
진주 사직단
조팝이
돌
뿌리
치자 꽃

도경회

목련

지리산록 외진 옛 절터
첩첩한 어둠 한가운데
큰별목련 한 그루
줄기에 흐르던 슬픈 응어리들 피어
소쩍새가 여기 와서 울었을까

결 고운 바람 한 자락 허공에 일어
폐허의 등허리를 누르고
혈맥을 열어
젖 내음 몽글몽글 피어오른다

길 깊은 두메에 수행자들
일제히 등불의 심지를 돋운다
영혼에 달라붙는 어둠
닦아내려는 듯
처마에 우는 풍경 소리 그치지 않는구나

무너져 내린 지난 시절의 끝자락 하나
손에 쥐어 주려고

송이구름처럼 눈에 머들거리는
어머니는 거기
키 큰 문 활짝 열고 서 있는 것이다
가람의 일주문처럼

보면 보이는 그림

모내기 끝난 무논에
뜬모를 심던
모가지 깃대처럼 높은 백학 한 마리

돗바늘로
논자락을 시치던
맑은 새 선학이 나래 저어
축복을 뿌리며 날아간다

물에 내리는 해거름처럼
아득히 흘러가서
칠 짙은 저 밑그림 위에
고운 봉선화를 수놓아 다오

이따금 놀란 듯이
흰 구름 나래 활짝 펼치는
은은한 이름 하나

높새놀 뜨는 가슴 깊이
내 사랑을 적는다

진주 사직단

북두칠성이 꿈을 퍼 올렸나
흙이랑 곡식이 눈을 맞춘다

누대 조상과 만대 자손을 위해
사기그릇에 삼태성 나란한 별무늬
풍요를 짜던 흰 살결이 시리다

솔바람 소리로 은은한
동지와 제석에 제 지내던 사직단
일제 강점기 센 물결에
무서리 맞은 수세미넝쿨처럼 주저앉아

청태 낀 제단과 돌담이랑 들고나던 문이
수리지끼※로 남아
아련히 그리움 배인 반쪽 거울 애연하다

살이 터전 오백년 목사골
제사 흠향하던 너그럽고도 정감 어린
바람 맡은 어른·비 맡은 어른·구름 맡은 어른

잣나무와 향나무와 실편백에 둘러싸여

초사흘 서녘 달 바라보는
고요가 차갑구나

※수리지끼: 수수께끼

조팝이

씨감자 놓으며
감자를 키워 줄 살내음 융숭한 땅
오래 휘어진 등 여인은 굽힌다
가장 낮게
순하게

바람이 불 때마다
먼저 바닥에 닿아 봄볕 안아 보는
백마산 능선을 타고 가는 범종 소리
아니 온 듯 다녀가시는가
가뭄에 금간 논배미 같은 손 가슴에 모으더니
흰 고무신 벗어 진흙을 턴다

우리가 누려도 되는 세상 열어 주려고
한 생애
혼을 사르는 일이다

여인이 남겨놓은
초승달 도래선 밭둑에

살진 이슬 굴리며 하얗게 꽃 핀 조팝나무
부드러운 팔 자애롭게 뻗어
마음 부서진 이랑들 품어 자주 입 맞추고

밭고랑 숨죽여 엎드려 있던
장끼가 봄산을 울어 울어
내 소매를 잡는구나

돌
— 명석鳴石

새가 혼자 떠 있다

누천년 시간 층층 절여진
검푸른 날개
꽃샘바람 잔뜩 안아 보는가
옛 가야 눈물의 골짜기에
여윈 달 안고 와
문득 울음을 던진다

언제부턴가
이리 몰리고 저리 부대끼며 울음 깊어
이끼 낀 돌 속에 둥지 짓고 순례하는 새
소매 헐린 파랑새
봄빛 부서지는 호수를 물끄러미 바라본다

피가 도는가
따스한 빛 모두 거두어
다홍 비단 한 필 널어놓고
물집 잡힌 포구나무 붉은 악보가 되는가

긴 자장가 홀로 풀고 있다

다른 세상을 준비하는가 보다
다 닳은 손톱바람이 울며 간다
동쪽에서 서쪽으로

뿌리

떡쌀 쪼사묵던* 콩새 주딩이*가 왼쪽으로 홱 돌아가더라 제사는 첫째도 정성 둘째도 정성이라며 할머니 귀밑머리 흰 주름 얼굴이 가만히 웃고 있습니다 엄마가 짚수세미에 보드라운 기와 가루로 닦은 환한 놋제기에 복을 담고 수를 잇고 집안 구석구석 거듭 쓸고 닦으면 청순하게 단장하는 오래된 집 시룻번을 발라 떡시루 안쳐 놓고 치자 물 들여 산적 두부적 굽고 꽃잎 벙글리듯 문어 다리 오리는 섣달 스무날 소리 없이 해가 지네

뒤란 대숲의 바람이 끝없이 불고 절절 끓는 안방에서 나는 볼우물 고운 막내고모가 어디쯤 오는지 달 점을 치다가 콩 점을 치다가 깜박 풋잠이 들었네

귓전에 무명베 그윽한 할머니 옛말하는 소리에 깨어 흰두루미 날아오는 누대의 세월 고스란히 담겨 있는 내 가슴우리를 가만히 만져 보네

※쪼사묵던: 쪼아 먹던
※주딩이: 주둥이

치자 꽃

다 잊은 줄 알았던
당신 살 내음
눈을 감아야 만져지는 향훈은
희고 매끄러운 살결에 부드러웠다

조용하고 포근한 설레임
아름 가득 안기는
저 고운 달
흰옷에서 강 내음이 난다

다시금 바람은 고요히 불고
시간의 흐름조차 잊을 만큼 내뿜는 향이
오색 안개로 어려 와서
끝임이 네 안부를 묻는다
꿈결 너머로

2010년 《문예춘추》(수필), 2014년 《고려달빛》 고려문학상 본상 수상으로 등단. 대통령 표창, 보국훈장 삼일장, 천수장, 국선장, 자랑스런 예비역상, 아시아 리더상 국방안보 대상, 코리아 파워 리더 대상 외 다수 수상. 국제PEN 한국본부 회원. 전 공군 참모차장. 전 주 레바논 특명전권대사. 민주평화통일 자문회의 자문위원. 사회공헌 다사랑월드 이사장. 공군발전협회 항공우주력연구원 원장. 재향군인회 공군부회장

내 시가 다시 태어나는 날
별이 되어 살으리·2
하늘의 마술사, 구름
인생은 커피 한 잔·2
거울
고추잠자리의 곡예비행
시냇물이 만드는 노래

이영하

내 시가 다시 태어나는 날

오늘 밤, 롯데 콘서트홀의 불빛 아래,
내 마음은 황홀한 기대 속에 설레인다.
임긍수의 '가곡의 대향연', 그곳에서 내 시가 새롭게 태어난다.

소프라노 양귀비 교수의 고운 목소리로
'보고픈 사람아'가 세상에 울려 퍼지고,
이프로폰디 4중창단의 화음 속에
'봄비 속으로'가 아름답게 피어난다.
내 시, 내 마음의 조각들이 음악의 날개를 달고 날아오른다.

그 음률 속에 숨겨진 내 감정들이 하나하나 생명을 얻어 피어난다.
새벽부터 설레는 가슴, 그 감정을 억누를 수 없구나.
처음으로 듣게 될 내 시의 노래,
그 순간을 기다리며 마음은 두근거린다.

이 어찌 기쁘지 않을쏘냐,

내 시가 성악으로, 중창으로 새로운 생명을 얻는 순간,
그 기쁨은 이루 말할 수 없을 것이다.

오늘 밤, 그 무대에서 내 시는 다시 태어난다.
음악과 어우러져 아름답고 감동적인 순간을 만든다.
그 순간을 위해, 그 설렘을 위해, 나는 다시금 시를 쓴다.
내 마음의 소리를,
음악으로 새롭게 태어날 그 시를 향하여.

별이 되어 살으리 · 2

어린 시절, 창가에 기대어
별을 보며 꿈을 키웠지.
"언젠가 나도 빛나는 별이 되리라"
그 작은 소망이 내 마음속 등불이었네.

세월이 흘러, 사막의 밤을 맞으며
고요 속 별빛이 가슴 깊이 스며들었지.
그 순간 나는 깨달았네,
꿈의 소중함과 인생의 순수함을.

별이 되겠다는 어린 날의 소망은
하늘의 빛만이 아닌,
내 삶 속에서 맑게 빛나는 순수함이었네.

그래, 나는 별이 되어
어둠 속에서도 길을 비추며,
희망과 사랑의 빛으로 걸어가리라.

그 길 위에서, 작은 별이 되어
오래도록 세상에 남아 있으리라.

하늘의 마술사, 구름

하늘의 마술사, 구름의 춤,
끝없이 변하는 그 모습 신비로워.
흰 솜사탕처럼 부드럽게 피어나,
바람 따라 흩어지는 자유로운 형상.

어느덧 용이 되어 하늘을 날고,
곧바로 바다가 되어 파도를 일으키네.
무심히 바라보면 그림 같은 풍경,
매 순간 다른 이야기를 속삭이네.

노을빛에 물든 붉은 구름,
밤이면 달빛을 머금은 은빛 장막.
구름은 하늘의 예술가,
끝없는 상상으로 세상을 꾸며 주네.

인생은 커피 한 잔 · 2

인생은 커피 한 잔 같아서,
첫 모금은 쓰지만 깊은 맛이 남네.
그 쓴맛 속에서 우리는
감춰진 향과 진한 여운을 느낀다.

아침 햇살에 반짝이는 커피 잔,
서두르지 않고 천천히 마시면
그 맛은 점점 부드러워지고
인생의 단맛도 서서히 피어오른다.

각기 다른 콩에서 나온 커피처럼
우리 인생도 제각각의 색과 맛을 지니지.
어떤 이는 에스프레소처럼 강렬하고,
또 어떤 이는 라떼처럼 부드러운 인생을 살지.

그러니 커피 한 잔을 앞에 두고 서둘러 마시지 말자.
천천히, 깊이 향기를 맡으며 각자의 인생을 음미하자.
잔 바닥에 남은 커피 찌꺼기처럼
우리의 삶도 끝에 다다라 무언가를 남기리니,

그것이 어떤 흔적이든 우리가 걸어온 길의 증거가 되리라.

인생은 커피 한 잔과 같아,
마지막 한 방울까지도 소중히 여기며
살다 보면 어느새 그 맛이
입안 가득 행복으로 번지네.

거울

맑은 얼굴에
세상이 담겨 있다.

빛과 그림자가
춤추며 반사된다.

진실을 감추지 못하는
침묵의 목격자.
때로는 마음을 꿰뚫는
차가운 눈동자.

나를 보며,
나를 찾는다.

고추잠자리의 곡예비행

가을 하늘 아래 펼쳐진 무대,
붉은 날개를 펄럭이며, 고추잠자리는
한가로운 바람에 몸을 맡기고,
곡예사처럼 자유롭게 날아오른다.

햇살에 반짝이는 그 날갯짓,
황금빛 들판 위를 스치며
아름다운 곡선을 그리는 모습,
가을의 전령사라 부르기에 충분하네.

나뭇잎 사이로 날아드는 빛,
그 속에서 춤추는 고추잠자리,
그 자유로움 속에 담긴 계절의 이야기,
가을의 깊이를 전해 주는 한 마리의 비행사가 분명하네.

시냇물이 만드는 노래

시냇물은 연주자,
자연이 지휘하는 무대 위에서
졸졸졸 흐르는 물소리가 마치 감미로운 선율처럼 들리네.

가까이서 들으면 점점 커지는 크레셴도,
멀어지면 조용해지는 디크레셴도.
그 속에 담긴 이야기가 계속 이어지는 듯하네.

바위틈을 거칠게 지나가면 포르테로 강하게 외치고,
깊이 패인 웅덩이를 만나 비바체로 경쾌하게 뛰어오르지.
그때마다 시냇물은 춤추듯 리듬을 바꾸며
자연 속에서 노래하고 있네.

어디선가 굽이쳐 흐르며 쉼표 같은 고요함을 남기고,
다시 빠르게 모데라토로 나아가며 멀리 흘러가는 그 소리.
들으면 들을수록 끝없이 이어지는 그 선율은

우리 마음 깊숙이 스며들어 자연과 하나가 되게 하네.

한순간도 같은 소리는 없지만, 모두가 연결된 하나의 곡.
시냇물은 우리의 귀에 변주곡처럼 다가와
매 순간의 감동을 들려주네.

그 소리 속에서 우리는 삶의 리듬을 배우게 되네.
흐르다가 멈추고, 다시 나아가며 살아가는 법을.
시냇물이 만드는 노래는 어쩌면 우리 삶의 노래.
흐르고 굽이치며 우리도 그 선율 속에 몸을 맡기네.

2016년 《시사문단》 등단. 시집 『살포시 그대 품에 안기고 싶다』.
한국경기시인협회 회원. 경영학 박사. 전 서원대학교 교수(겸임).
전 오산대학교 교수(겸임). ACS 관세사무소 대표관세사

홍점
남쪽 나라
그리운 사람
작두
상갓집을 나서며
수고 31회 송년회
니엘 선생님

조국형

홍점

텅 빈 도서관
떠나간 그 자리에
앉아 본다

만남과 헤어짐에
마음 주지 말자
다짐을 했건만

생각이 머무는
빈자리엔
바람 소리뿐

이별의 통증은
반점으로
허벅지를 붉힌다

그들의 가슴앓이 또한
그 홍점 안에 있으리라

남쪽 나라

푸른 청포 치마
하얀 붓으로
덧칠을 한 곳에는

일찌감치
구름 사이 송송히
부챗살을 심어 놓고

산 정상 위로
피어오르는
구름 산들 사이로

치솟는
용 구름 한 마리
하늘로 향하고

창밖 열어 보니
새소리는 간곳없이
닭소리 염소 소리만

포동포동 밥 냄새에
굴뚝 연기 따라간 곳엔
출어 채비 한창인데

피부에 배어 나오는
땀방울 소리들
해와 땀과 고단함의
진원지

불현듯
밀려오는 긴 먹장구름

서둘러야겠다

그리운 사람

갑작스런 빵 생각에
제빵 코너에 갔다가

진한 빵 냄새에서
초롱초롱 눈빛 단발머리
그녀를 만난다

하얀 목칼라
검정색 구두
단아한 교복

그녀에게는
항상
갓 구운 빵 냄새가 있었다

오늘처럼
겨울눈 오는 날에는

나처럼

불현듯 생각할까

내 첫사랑이었을 그녀는
어디쯤 가고 있을까

오늘처럼 황망히
눈이 내리는 날에는

희뿌연 하늘 속으로
그리운 얼굴이 그려진다

작두

오늘은 당구장에서
고목 같은 친구들을
보는 날

당구가 4구에서 3구로
진화를 거듭하는 동안에

철상이는 머리에
하얀 꽃을 피웠고

모범택시 종수는
근무지 이탈자임이
분명하다네

파란색 당구다이에서
흘러간 이십대의 열정을
느끼며

어설프게
얼떨결에

쓰리쿠션 장원을 한 나는

으슥한 마음으로
다음을 준비 중인데

아
그런데 이상하다
병두가

본 대로 움직이고
마음 먹은 대로
들어간다

신들렸다

어느 순간
병두는 작두를 타기 시작했다

나만 몰랐다
손 작두

상갓집을 나서며

고등학교 친구
부친 문상을 갔다가

두 달 전에 태어난
조카 손녀

새해 문안 인사
카톡 사진을 받아 보네

생사가 맞닿아 있는 듯한
묘한 감정에

인생은 한줄기 지푸라기
연기처럼 사라졌다가
찬란한 빛으로 돌아오는가

조문 자리에
앉아 있는 문상객들

가만히 보니

언젠가 어디선가
본 듯한 얼굴들

가는 실 줄기 엮여져
긴 가닥이 되듯이
우리 모두는

뫼비우스의 띠처럼
서로서로가
운명의 끈으로 이어져

시작도 끝도 없이
돌고 도는가

정월 초하루에
상갓집을 나서며

잿빛 하늘 사이로
아침 햇살 녹아든다

수고 31회 송년회

진하게 변해 버린
머릿결 위에 피어난

일곱 색의 무지개처럼
오늘 우리

각자의 색이 모여
하나의 빛이 되었다

서로의 이름을
동토의 하늘에 새기며

멈추고 싶은 이 밤은
더욱 더 깊어만 가는데

고향 찾아 돌아가는
유랑자처럼

우린 다시

서로의 뒷모습을
보여야 한다

니엘 선생님

맑은 하늘 위를
유영하는
한 점 구름 같은

'HE' 이기도 하고
'SHE' 이기도 한
중간 지점 그 어디에서

가르치는 것 말고는
할 줄 아는 것이 아무것도 없는

계란의 반숙처럼
미완성으로
인생의 맛을 즐기는

사랑 하나에
모든 것을 품은

영원한 몽상가

1997년 《한국디자인포럼》(예술비평), 2010년 《부산시선》, 《한국시학》 등단. 저서 『박학한 무지』, 『예술의 혼을 담다』, 『민병일 컬렉션』 외 다수. 부산시문화상, 봉생문화상, 해운대문학상, 시원문학상 외 다수 수상. 한국문인협회, 한국시인연대, 부산시인협회 회원

국화 향기
층계 앞에 서서
유월의 창
여명黎明
상사화
내 그대를 찾으리
에벤에셀의 기도

민 병 일

국화 향기

지난 더위 보내고 소소한 가을 아침에
순백의 국화 송이 그림같이 피웠다
천년 회상의 향기를 품은 듯
기다린 시린 세월 속에서도 그 자태 찬연하다

그리움 하나 찬바람 속 향기의 날개 달아
순백의 사랑이 가을바람을 타고 무리 지어 날고
돌인 듯 침묵한 꽃송이 가운데
눈감고 짚어 보는 지난 세월이 마냥 갈래 없다

가랑잎 구르는 인생의 부재한 시간에
불현듯 가슴 치는 은혜의 빛 한줄기에
곱게 피어난 결곡한 자태를 보며
향기 속에서 은혜의 하루를 연다

층계 앞에 서서

어린 시절 푸른 영혼 발자국 찾으며
하나둘 오른 층계 앞에 나잇살만 쌓였다
어딘가 새파란 싹이 있을 것만 같은데

곤비한 날에는 가다 쉰 계단 앞에 멈춰 서서
청명한 하늘을 올려다본다
그곳에는 지나온 회한의 흔적이 비춰 보인다

층계는 차근차근 어김없이 내 앞에 있고
뒤돌아본 하염없는 긴 세월
층계는 아직도 서둘러 오르라 손짓하고 있다

유월의 창

작약 향기 실려 오는 유월의 창밖에
초동의 세월이 꽃잎 속에 구른다
눈빛 주며 떠난 바다 건너 나성羅城은 아득한데
불현듯 떠오른 누나의 순결한 음성은
향기 품어 내 귀에 이명으로 찾아든다

김포읍 북변리 425번지 문간 자취방 나서
향교길 질러 누나의 교실 가는 조붓한 언덕길엔
가름 없는 지난 세월 거스르고
다정하고 따듯한 누나의 숨결은 내 귀에 남아
꿈길 속에 내 손 잡고 잰걸음 앞서고 있다

칠부 적삼 끝동의 곱디고운 손마디는
지난날 초록 칠판에 하양 분필을 긋고
풍금 소리 운동장에 여울지어 퍼지는데
눈감고 나서도 다정한 누나의 교실은
아직도 그곳에 유월의 창을 열고 있다

여명 黎明

아직은 사위가 적막한데
닫혀진 동창 사이로 스며드는 여명 속에
실꾸리 같이 파고드는 사념이 갓밝이 따라
한 걸음씩 저편에서 날이 밝아 오고 있다

쪽잠 같은 세월 속으로 돌고 도는 쳇바퀴 속
올무같이 갇힌 상념들 고요 속에 떨쳐 버리고
지난날 온갖 죄악을 통회하며 마음 아픔에
비춰 드는 여명 속에 덧없는 세월 마냥 서럽다

발행 | 2024년 12월 18일
지은이 | 셋동인
펴낸이 | 김명덕
펴낸곳 | 한강출판사
홈페이지 | www.mhspace.co.kr
등록 | 1988년 1월 15일(제8-39호)
주소 | 서울시 종로구 인사동11길 16, 303호(관훈동)
전화 02) 735-4257, 734-4283   팩스 02) 739-4285

값 11,000원

ISBN 978-89-5794-578-0 03810

※저자와의 협약에 의해 인지는 생략합니다.
※이 책의 저작권은 저자와 본 출판사에 있습니다.

셋동인 주소록

정순영 14061 경기도 안양시 동안구 학의로408번길 13, 117동 1306호(인덕원대우아파트푸른마을)

정태호 16495 경기도 수원시 영통구 광교로42번길 80, 101동 1505호(이의동, 광교아르데코)

주광일 06635 서울시 서초구 사임당로17길 90, 102동 302호(서초롯데캐슬84)

이상정 18504 경기도 화성시 동탄대로4길 143, 3435동 602호(장지동, 동탄2아이파크)

조덕혜 13552 경기도 성남시 분당구 대왕판교로 155, 102동 302호(금곡동, 더 헤리티지)

도경회 52656 경남 진주시 상봉대룡길 18, 101동 809호(상봉동, 화인아파트)

이영하 12787 경기도 광주시 태전동로 54, 1518동 501호(태전동, 힐스테이트 태전)

유경희 05340 서울시 강동구 천호대로 1077, 101동 1501호(래미안강동팰리스)

조국형 17514 경기도 안성시 삼죽면 덕산호수길 91-6

민병일 48089 부산시 해운대구 해운대로452번길 18, 101동 201호(우동, 대우동삼아파트)

주소록

셋동인 주소록

에벤에셀[*]의 기도

오만의 삶과 부질없는 욕망을 자르고
비좁은 길 환히 넓힐 등불을 주시고
웅어리 솔바람 뽑는 영혼 아픔을 품어
자유를 소생케 하여 주시옵소서
아멘

※히브리어의 '도움의 돌' 이라는 뜻을 가지며 기독신앙에서 중요한
 교훈을 주고 있는 기념적인 돌이다

내 그대를 찾으리

마음속 가득한 의심일랑 깨우치고
평안 속에 화평한 마음으로
내 그대를 찾으리

온갖 번뇌 떨쳐 버리고 정결한 마음으로
죄악의 굴레 벗어 버리고
내 그대를 찾으리

그곳에는 풍파 없고 오직 사랑뿐이니
장미꽃 피는 동산 언덕 위에
내 그대를 찾으리

상사화

상사화 피는 날 바람도 비켜 가고
그대 향한 그리움만 남아
물 흐르듯 보내며 잊어버린 한 세상에
뿌리로 이어진 인연인 듯
사랑은 오직 하나의 길 앞만 보고
어찌 저리도 멀찍이 서 있는가
언제인가 마주할 날을 기약하며
하늘 아래 머무는 동안
그리움 속의 영원한 표상이 되리라